WILLS
of
Jefferson County, West Virginia

and Other Estate Documents

AN INDEX: 1801–1899

Originally Published by Traces

Compiled by

Dale Walton Morrow
and
Deborah Jensen Morrow

HERITAGE BOOKS
2011

HERITAGE BOOKS
AN IMPRINT OF HERITAGE BOOKS, INC.

Books, CDs, and more—Worldwide

For our listing of thousands of titles see our website at
www.HeritageBooks.com

Published 2011 by
HERITAGE BOOKS, INC.
Publishing Division
100 Railroad Ave. #104
Westminster, Maryland 21157

Copyright © 1982 Dale Walton Morrow
and Deborah Jensen Morrow

Other books by the authors:

Distribution of Estate Accounts, Washington County, Maryland, 1778–1835

Marriages of Washington County, Maryland: An Index, 1799–1860

Washington County, Maryland Cemetery Records: Volumes 1–7
Dale Walton Morrow

Wills of Berkeley County, West Virginia, 1744–1880

Wills of Jefferson County, West Virginia, 1801–1899

Wills of Washington County, [Maryland], 1776–1890

All rights reserved. No part of this book may be reproduced or transmitted in any form or by any means, electronic or mechanical, including photocopying, recording or by any information storage and retrieval system without written permission from the author, except for the inclusion of brief quotations in a review.

International Standard Book Numbers
Paperbound: 978-1-58549-247-3
Clothbound: 978-0-7884-8801-6

INTRODUCTION

Jefferson County, Virginia, now West Virginia, was formed in 1801 from the parent county of Berkeley. Jefferson County became a part of West Virginia in 1863, during the Civil War, when the new state was formed from the parent state of Virginia.

This book contains the index to wills from 1801-1899 and the various estate accounts from 1801-1861. The index includes the names in Will Book 1, 1801-1899, for Jefferson County, West Virginia. After 1861, the estate accounts were indexed in a separate volume, titled Fiduciary Accounts and are not a part of this book.

To inquire about specific documents and current copying charges, the reader should write to:
        Clerk's Office,
        Jefferson County Courthouse
        Charles Town, WV 25414.
You should include a self-addressed, stamped envelope with all inquiries.

ENTRIES/SYMBOLS

The surnames are indexed alphabetically, followed by individual given names are as follows:

    w   indicates a will.

    f   indicates an account such as inventory, estate, sale, etc.; each f stands for one document.

    01-99   numbers indicate the year of the document from 1801-1899.

WILLS OF JEFFERSON COUNTY, WEST VIRGINIA
An Index: 1801 - 1899

ABELL, John w26; ff32; f39
    Lucy M. w73
ADAMS, Daniel w45
    James A. w94
AISQUITH, Anna w98
    Charles W. ff46; f48; ff50
ALEXANDER, Margaret w81
    Richard A. w94
ALLEMONG, Christian w35; ff36; f38; f41
ALLISON, Hillary S. wf57; f59
ALLNUTT, Robert D. ff28; f29; f32
ALISTADT, Daniel f25; f26; f27
    Elizabeth ff52; f53
    Jacob fff24; f29; f37
    John f27; f28; f34; f39
    John H. w88
    Mary Ann w91
AMBLER, Charles E. w76
AMES, Daniel w98
ANDERSON, Archibald ff26
    Harrison A. w81
    Joseph H. w93
    Matthias fff11
    William E. w92
ANDREWS, Alfred ff48
    Charles W. w75
    N. (Mrs.) w89
APSEY, William f44
ARIS, John ff13
ARISS, Elisabeth w02; ff13
ARMSTRONG, Elizabeth wff11; f16
    Samuel ff37
ARNETT, Ann w96
    Jesse w69
ARTER, Aaron w91
ASHTON, Joseph w74
ATHEY, Rebecca f30
ATKINSON, George ff59; f61
    Thomas f26; fff27
AULT, Jacob w14; f15; f16
AVIS, John f58
    Robert w34; f35

BACKHOUSE, George w69
    Thomas f07; f21
BALCH, E.W. w74
    George B. f32
    L.P.W. w68
BAKER, Alcinda w31; f43; f53
    Ann ff45; f49
    Corbin f21
    John w23; ff24; f25; f27; f29; f32
    Judith w06; f09
    Lewis f60; f61
    Walter f13; ff25; f27; wfff20
    William L. wff53; f56; f57

BANKS, Clement w25; f26; f30; f35
    John w20; f26
BARBOUR, Alfred M. w66
BARNES, Alexander fff37
BARNHART, John f50
    Philip f23
BARNHOUSE, Richard f14
BATEMAN, William f36
BAUGHER, Joseph Sr. w80
    Julia J. f80
BAYER, Sarah f25
BAYLISS, Thomas fff43; f45
BAYLOR, Ann f24
    Ann M. f24
    Anne Maria f26
    Lucy w36
    Richard fff23; ff24; w25; f26;
        f32; f36
    Richard G. ff24; wff26; f28
    Robert W. ff24; f26; f28; f34; w83
    Thomas G. ff24; ff26
    Thomas L. f25
BEALL, George B. wf55; f57; f58; f59
    Hezekiah wf16
    John R. ff47; f49
    John Y. w66
    Thomas w20
    Thomas B. w92
    Thomas N. f40; f43
BEATTY, Catherine w81
BECKER, Louis w99
BECKHAM, Campbell (?) f36
    Fontaine w59; ff60; f61
    George C. w62
    Jeremiah f23
    John S. f38
    Townsend f33; f36; f37
BECKWITH, George H. Jennings w91
BEDINGER, Daniel wf18; w39; f46
    Henry w43; w58
    Katherine w99
    Sarah w44; f45; f46
BEECHER, Jacob ff31; f33
BEELER, Benjamin w27; f28; f29; fffff32;
        f37; f56
BELL, Hiram w77
    James fff30; ff32
    John ff08; f34
    Joseph w24; fff26; f28; f30; ff32
    Rachel R. w72
BELSTERLING, Anthony fff46
BELTZ, Daniel J. ff61
BENDER, George w75
BENNER, Christian w85
    Washington w95

BENNETT, Burnberry f18
    Edward w33
    John f18
    Mason wf14; ff15; f18
    Thomas S. w21
    Van fff26
    Washington A. w80
    William f02; f03; ff16; f17; f28
BENTLY, William wf03; f06
BERKLEY, George w68
BERRY, Charles J. w89
    Robert T. w77
BESTOR, Orson ff29; f30
BILLINGS, Henry M. w78
    Silas w88
BISHOP, Elizabeth R. w87
    George wf19; f26; f29; f30
    Henderson w73
BLACKBURN, Christian wff56; ff58; f59; f60
    Elizabeth wf40; f41
    John S. f39
    Rachel S. w86
    William wf21
BLACKFORD, Corban wff42; f50
    Jane ff57
    John w41
BLACKHOUSE, Catherine M. w77
BLANCHARD, Robert f34; ff35
BLENCO, John ff57
BLUE, Jesse fff15
    Joel w29
BODENHAMER, Jacob ff25; f26
BOERLY, Thomas f60
BOLEY, Bryan f06
    Elizabeth w24; ff25; f26
BOLTZ, Jacob w42; ff46; f47
BOND, Joseph f16
BORDER, Daniel fff57; f60
BOROFF, Henry fff36
    John w68
BOTTS, Lawson w62; w70
BOSWELL, Kitty w78
BOTELER, Alexander R. w92
    Ann F. w27
    Helen M. w91
    Henry w47
BOWEN, Edward G. w40
BOWERS, Anne E. ff53
    Frederic w24
    George f39; f41
    George D. w86
    John w37; fff38; f55
    John H. w57
    Margaret E. w95
    Mary w29; ff53; f55
BOYD, Thomas f28; ff31
    William ff15; ff28

BOYDSTONE, Benjamin w25; f31; f33
BOYSTON, Thomas w10; f11
BRACKENRIDGE, Thomas f21
BRADFORD, Benjamin ff11
BRADSHAW, W. f57
BRAGG, Thomas f33; ff35
BRAGONIER, D.G. w69
    Mary E. w94
BRAIDY, James ff27
BRANTNER, Henry wf52; fff54
    John ff55; f56
BRANNON, Martin w91
BREEDON, Robert H. f25; f26
BRIDGEMAN, Francis f35
BRIEN, Anne L. w49
    Daniel w24
    Robert C. w49
    William G. w15
BRISCOE, George w05; f06
    George C. f10
    Henry J.M. f26
    Henry R. w69
    James H. f63
    John f19; f25; ff36; f37; f39
    Juliet W. w78
    Thomas w68
BRITAIN, Joseph Sr. f55
BRITTAIN, Joseph f57
BROADUS, Lavinia w97
    William w30
BROOKS, Virginia w95
    William f14
BROTHERTON, Thomas ff49; f50; f51
BROWN, Abner f11
    Adam w35
    Ann w69
    Charles wf28
    Elizabeth w77
    Elizabeth F. w80
    Gustav w98
    Isabella w69
    James wf05; w59
    James M. w84
    John w59
    John Peyton w92
    Mathias w87
    Rachel w29
    Raleigh w70
    Randall w35
    Samuel w92
    Shepherd w18
    T.A. ff58; f59
    William w55; fff56; ff58; f59; f61
BRUCE, Thomas fff33
BRYAN, John w12; f13
    Mary R. f45
    William B. f34

BRYANT, John ff13
BRYSON, William ff19
BUCKLES, Daniel w45; fff47
    Hannah w50
    Robert w09
    William w89
BUCKMASTER, John w33; fff36; f38; f44
    Maria w51
    Theophelus W. ff20; f24
BURCH, Hannah w47
BURD, Jacob f35; f36
BURK, Daniel f45
BURKETT, Michael w07; w20; fff22
BURNETT, Alexander wf05; f06
    George f15
    William f15; f17; wff48; w88
BURNS, Jonathan f47; f48; f52
    Seely w33
BURTON, Elizabeth w41
    Henry A.L. w90
    Joshua wf39; f49
BURR, James f56
    James Sr. w48; f49
    Moses wff15; f19
BURWELL, Edwin B. f28
    James f28
    James W. f28
BUSEY, B.T. ff40
BUSHEY, Frances w84
BUSHMAN, David ff53; f57
    George f57
BUTLER, Alexander fff36
    Ann M. w74
    C.T. w99
    Hannah S.F. wf92
    John f10; w21; ff23; f32
    Nancy w67
    Virginia w88
BUTT, Hezekiah fff32
BUTTON, Charles fff44
BUTTS, Charles w33
    Van ff37
    Van Jr. f37
BYERS, Conrad f05
    George w68
    George L. f56; ff58
    John w54
    Sarah ff24
    William H. w91
    Zador ff57; f59
BYRD, Thomas T. w67

CALDWELL, William S. f35; f37
CAMPBELL, Sarah w80
    Thomas ff53; f55; f56

CAMERON, Henry F. w89
    Samuel ff54; f55; f56; f61
    William f23; f25; f27; f29
    William H. w95
CARTER, Ann w24
    Ferinda w91
    Mary f55
CATHCART, James ff50; ff54
CAVALIAR, Francis f22
CAVANAUGH, John w90
CHAMBERLAIN, Elijah ff19
    Elizabeth w23
    Mary w46
    Thomas f37
    Zillah wf47; f48
CHAMBERS, Singleton w59; ff60
    William wff58
CHAPLIN, Elizabeth f28
CHAPLINE, Abraham w34; f36
    Fannie w92
    Isaac w10; ff11; ff61
    James A. ff50; f51
    Margaret wf43
    Margaret A. w85
CHAPMAN, Thomas w49; ff50; f52
CHERRY, Ellen w13
    William w06
CHEW, Sarah W. w76
CHILD, Jonathan C. w90
CHILDS, Emily E. w94
CLAGETT, Thomas w87
CLARK, Sarah f48
    William f44; f48
CLARKSON, Freeman w45
CLASPEY, John wff33
CLASPIL, Sarah w04
CLASPY, David w42; ff43
CLAY, Brutus J. w91
CLEMMONS, Samuel ff15
CLEVELAND, Levi ff26
CLIP, John w49; ff50; f52
CLIPP, John T. w92
CLIMA, William P. f30
CLUM, Jacob ff23; f25
CLYMA, Peter f15
COALMAN, Daniel w83
COCKRELL, Cecelia w95
    Joseph w58
COFFINBARGER, Annie M. w96
COLBERT, Margaret w91
COLEMAN, Annie E. w94
COLLINS, Christopher f09; ff12; f47; f49
COMPTON, Tilman wf25; f27
CONELL, William ff23
CONKLYN, Henry fff26; f30
    William H. w67

CONLAN, Robert f25; f28
CONLIN, James w71
CONN, Richard J.W. f12; ff14
CONNAWAY, Cornelius f04
CONWAY, James w07
    John ff18; ff24; f25; f27
COOK, Andrew f43; f49
    Giles F. f20; f29
    Giles Forrest f18
    Giles Jr. f14
    Giles Sr. f17
    Mary w97
    Richard H. w86
COOKE, Giles wff04; w13; f24
    Mary C. ww54; f55
    Mary E. f73
    William f14
COOKUS, Henry f27
    Jacob ff57; f60
    John M. ff50
    Mary w48
    Michael w13; fff33
COONS, Jacob ff24; f26
COONTS, Abraham f26
CORBIN, James N. w91
CORDELL, Christine w71
CORGER, Matthias f24; f25
CORNEGY, Elizabeth w71
CORRELL, William f27
COSTELLO, Michael A. w67
COTTER, Martin w41
COYLE, Edward V. w92
    James wff42; f53
    James T. w81
    James W. w92
    John M. w92
    Jonathan Sr. w91
    Margaret E. w81
    William f25; f26; f27; ff34
    William Jr. f24
COX, Samuel w28; fff30
CRAFT, Jacob wff25; ff35; f52
CRAIG, Ann R. w58; fff59
    Penniah (?)
CRAIGHILL, Mary B. w19
    Robert E. w83
    Sally E. w87
    William f30
    William N. w87
    William P. ff25; f27; f30
CRAMER, Ambrose w43; f45
    Samuel J. ff43
CRAMPTON, ThomasH. w91
CRANE, Joseph f15; f21
CRAWFORD, David w86
CREAMER, Daniel w40; f41; ff55
CRIM, Abraham f40; f45
CRITTENDEN, Alonzo w83

CROMWELL, E.A. ff39; f40
    Jane E. w59; ff60
    Joseph M. w54
    Oliver w41; f43; fff60
CROSS, Joseph f35
    Rezin T. w88
CROW, Michael Jr. ff51; f52
    William w71
CROWL, Henry fff34
    Jacob w40; ff42; fff50
CRUZEN, Elizabeth f26; ff29
    William ff59
CUNNINGHAM, Worthy H. f25
CUSTER, Mary w85

DALGARN, Barbara f43
    John f40; f41; f42; f43
    John W. w74
    Stephen f37; ff38; f40; f42
DANDRIDGE, Serena Catherine w93
DANIEL, Catherine G. w74
    John ff04; f05
    William S. w49
DANIELS, John w34; f35; f51; ff53
    Nancy ff51; ff53
DARKE, Elizabeth f05; f14
    Sarah w06
    William wf04; f20
DARNHAVEN, John ff05; f06
DAUGHERTY, Catherine f49
    James wf32; ff36
    John ff26; f32; f34; f35; f49
    Joseph f45
    Joseph T. w43; ff46; f47
    Mary A. w90
    Mary Ann fff34
    P. w39
    William T. ff54; f56
DAVENPORT, Abraham w25; f57
    Adrain w19; f27; f32; f33; f35
    Benjamin f38
    Braxton w66
    Eleanor ff32; ff33; f34; f35
    Eliza wf46
    Elizabeth S. w77
    Frances f57
    John ff18
    Mary w31; fff33
    Ruth H. w23; f25
    Samuel f14; f29; f30; f31; f36; f38
    William C. wf19
DAVIS, Garland M. wf48
    Joseph f58
    Joseph W. w24
    Sally f39
    Sarah ff36
    Thomas W. ff30; f32; f35; f37
DEARY, Francis w38

DEBAUSTON, George w04
DeBOSTIAN, Elizabeth fff15; f17
DELEYEA, William w32; ff33
DIDENHAVEN, Rachel ff15; f17
DILLOW, Margaret f63
    Peter ff52
DIMMETT, John w12
DIRKE, James w25
    Robert w34; f35
DIRKES, James f35
DITTINGER, Eve w92
    George w69
    John w92
DIXON, Jeremiah w85
    John w22; ff23; f26
    Susan w98
DONALDSON, Stephen ff25; f26
DONNELLY, Ann D. w96
DORAN, Richard D. fff47; f48; w51; ff52
DORSEY, Sarah w20
DOUGLASS, Eliza w49
    Isaac R. ff51
    John w04
DOVENBERGER, Jacob ff04; f09
DOWELL, Isaac ff23; f24
DOWNEY, Betsy ff36
    Elizabeth f36
    John w25; f26; f27; f33; f35
    Susan wf56; ff57
    William f34; f39; ff51; f52
DOYNE, Jesse wf05; ff10
DREW, Anne w21
    Dolphin ff57
    Lucinda W. w57
DUCKWALL, Joseph ff33; f36
    Rebecca w48; f49
DUFFIELD, Elizabeth f13
    Richard wfff55; f57; f58; f59;·f61
DUKE, Ann N. w84
    Mark w55
    Robert N. w80
DUNCAN, Thomas ff43
DUNN, Thomas B. f30; ff32; f37
DUST, Isaac w87
    John wff08; f10
    Valentine w54
DUTTON, Mary F. w99
    Warren B. w74
DUVALL, Lewis f29

EAGAN, Edward wf58
EAKLE, George C. w79
    Mary E. w87
EASTERDAY, William P. w80
    Kate A. w91
EATY, Sebastian ff52; f53; f55; f56

EBY, Henry L. w58
ECKHART, Julianna w09
EDMONDS, Courtney Ann w39; f49; f50
EDWARDS, Ann f28
    Hezekiah ff22; f23
    Joseph w28; ff29; f30; f31
EELEY, Warren w95
EICHELBERGER, Adam fff35; f38
    Louis Smith w68
ENDLER, Philip w22; f83
ENGLE, Edwin C. w92
    Enos fff34
    Isabella f43
    James T. w50
    Jesse fff33; f40
    John w65
    Joseph w79
    Lourenda w68
    Lydia w36; ff49
    Mary fff49; f52; f54
    Nancy A. w95
    Philip Sr. wf30; w81
    Samuel D. fff35
    Susan w75
    William Sr. w25
ENGLISH, David f51; f55
    Robert M. f63
ENTLER, Daniel w67
    Jacob f23
    Joseph w75
    Martin w12; f13; f19
    Michael w02; f03; fff32
    Philip f23; ff25
    Philip Adam f16
    Solomon ff44
ERNST Martin w37
EVERSOLE, Ann w15; ff16; f18; f20; f32
    Catherine f22
    Daniel ff15; f16; f18; f32
    Jacob f36

FAIRFAX, Floretta f30
    Mary M. w44
    Octavius f30; w38
FAIRMAN, Daniel ff22
FARNSWORTH, Samuel f22
FAUKLER, Susan wf11
FAYMAN, George w95
    William H. w92
FEARNOW, George ff23
FERGUSON, Hays w66
    William G. w55
FERRELL, Jacob w95
FIDINGER, Christian L. w86
FILES, Rachel J.B. w84
FIROR, V.M. w95

FIRTH, William ff29; f40
FISHER, James w67
    Peter F43
FITZGERALD, Thomas w31; f33; f42; w76
FITZSIMMONS, James A. ff49
    William F. ff55
FLAGG, John R. w72
    Josiah D. w85
FLANAGAN, Charles F. w80
    Frances W. w95
    James ff56; ff57; f58; f59; f61
    William ff56; ff57; f58; f59; w89
    William M. w73
FLANIGAN, Martha E. f60
FLENNING, Isaac f53; f54; f55
FLOOD, M.A. w82
FLORANCE, Robert wf51; f52; ff54; f56
FLORENCE, Nancy w85
FOLK, Frederick w25; f26
FOLLER, Joseph f30
FOSTER, Seth B. ff37
FOX, Presley w86
FOUKE, Elizabeth ff36; ff37; f41
    Mary ff52
FRAME, Ann f18; f19; f27; f28
    Matthew w48; ff49
FRARY, Jesse L. w67
    Mary A. w72
FRAZIER, Eleanor f23; f25; f26
    Frederick A. f27
    Jonathan w16; f23; f24; f25; w68
FRIES, Elizabeth wf48
FRY, Catherine w71
    Daniel w18
    John f15; f18; f21
    Lodowick wff04; f07; f16
    Peter w09
    Phebe wff21; f23; f38
FULK, George wf33
    Jacob w83
FULTON, James ff26; f29; f43; f45
    Robert f45
FURRY, Henry ff25; f43; f52

GAINES, Robert w18
GALE, John fff40
GALLAHER, James N. w85
GALLASPY, John w55; ff57
GANNON, Rachel w74
GARDNER, Gervis S. ff51
    J.W. w96
    John f07
    Mary w18; f21
GARNHART, Henry w28; f38
GARRELL, Eliza H. w88
    George W. w54; fff54; f57
    Joseph w47; f49; f51; f54

GARRY, James f53
GASKER, Henry F. ff50
GATTON, John W. f40; f41; f43; f46
    R.R. wff56; f58
GIBBONS, Elizabeth w39; fff42
    Isaac f03
    Maurice w05; f14
GIBBS, William ff11
GIBSON, John A. w53; ff54; f57
    Joshua Gregg w94
    Mary f45
GILBERT, Jacob w79
GILPIN, William w38
GIMMERT, Anna V. w73; w72
GLASFORD, Alexander ff57
GLENN, James w32; f36
GOMPF, Michael ff50; f52
GOOD, Josiah w48
    Mary w51
    William w43
GORDON, Phillip w82
    Susan E. w66
GRACE, Martin wf49; f50; f51; f52
GRAHAM, John f33; fff35; f36
    William f02; ff04; fff34; f42; f39
GRANTHAM, Elizabeth ff26; f38; f25; f39
    James w61
    John w21; f22; f29; f40
    John J. w53; ff54; f56
    John W. w87
    Joseph w14; f19; fffff48; f51
    Phebe w13; ff38; f39; f44; f47
    Sarah w37
    William w71
GREEN, Eloisa M. w86
    James A. w90
    John C. w82
    Thomas C. w89
GREER, James fff38
GRAY, David w22
    James ff51
GRIFFIN, Hezekiah ff30
    William ff28
GRIFFINS, James William f30
GRIFFITH, Daniel f14
    David ff03
    John f21; ff56; f57; f58
    Samuel f30
GRIGGS, Francis W. w95
    James w53
    John f38; ff39; f40; w57
    Lee f32; ff34; f38; f44; f49
    Thomas w39; f41; f45; f49
GROGER, William f04
GROVE, James H. w90
    John f18
    Thomas w52

GRUBB, James W. w95
    William w08; f10
GRUBBS, William f11
GRUBER, Adam ff50; f52
    Albright wff25; f26; f28; f30; f32
        f47; f48
    Jacob w81
    John wff49
    Solomon w95
    Susannah w47; f48
GUNNELL, Henry w35; ffff37
    John J.H. wf50; ff52; f53; f51
    Mary w50; f51; f52
GWYNN, Francis w21
    Humphrey f07; f08; f09

HAGAN, Henry w95
HAGELEY, George ff42; f44; f46; f48; f51; f54
HAINES, Albina S. w96
    John f18; wff22
    Mary W. w85
    Nathan w24; f25; ff28; f39; f61
HAINS, John f30
HALL, Hannah ff32; fff33
    John H. f48; f49
    Joshua w26
    Mary w62
    Samuel w38
    Thomas f10
HAMILL, James w34; fff35
HAMILTON, Francis ffff02; f22; f53
    Francis A. w33
    Hugh f40; f41
    John A. f48
    Mary E. w99
    Thomas fff36
HAMME, Elizabeth S. w99
HAMMER, Harriett N. w83
HAMMON, Fanny R. f16; f17
HAMMOND, Henry James f17
    James w03; f17; ff05
    James B. f16; f17
    Mildred G. w05
    Thomas R. f17
HAMTRANCK, John F. w58
    Sallie E. w89
HANNAH, James w42; f48
HANSEL, Laurence w08; f11; f12; f13; f20
HANSELL, Daniel f13
    Esther f09
HANSUCKER, Peter ff17; f18
HARDING, Ann A. w43
    Ann A.B. f33
    Catherine S.B. w40
    Elizabeth f50
    Elizabeth A.B. w25

HARDING, Job w24; f25; ff29
    John A.B. w48
    Samuel D. fff24
    Susan P.B. w69
    William H. f09
HARLEY, Martha W. w87
HARMON, Albert M. w88
HARN, William f21; f25
HARRIS, George L. ffff58; f59; f61
    Jeremiah w43; ff44
    William fff28, f32
HART, Thomas w04; fff18
HARTMAN, Jacob ff21; f22
HASLIP, Richard w06
HASUCKER, Christian w22
HAWK, Elijah w87
    Wells J. w73
HAWKENS, John f16; f17
HAWN, George f53
HAY, William f10; f11
HAYDEN, George A. f29; f31; f34; f35
    John R. w39
HAYNES, Jacob w35
    John f19
HAYS, Joseph G. f51; f54; f56; f61
    Lydia w94
HAYSLETT, William w90
HEALY, Edward ff36
    Margaret w43
HEATH, Maria wff48; f50
HEILMAN, Catherine w44
    Jacob wfff42; f44; f46; f51
HEFLEBOWER, Daniel wf35; w67
    Elizabeth w72
    John ff26; f27; f30
HELLER, John w28
HEIM, Joseph w90
    Meredith w85
HENDERSON, Elizabeth A.B. w86
    Richard wf59
HENDRICKS, Daniel w47; ff48; f49; f51;
        w52; f53; f55
    Elizabeth f07
    Joseph w27
    James Sr. f30
    Jane wf28; wff37; f38; w46; w48;
        f49; f50; f51
    John f05
    William ff62
HENKLE, John w30; f33
HENRY, Mary Ann ff26
HENSON, William P. w77
HERBERT, B.W. w88
    Bushrod W. f33
    Mary Lee w27; f33
    Noblet w25; f29; f33; f53

HERRINTON, Timothy fff34
HERSHEY, Andrew w25; w42; f30
    Isaac w42
HESKET, James f52
HESKITT, John ff37
HESS, David w56; ff57
    Jacob w48; ff50
    John fff15; w87
HESSEY, Thomas ff61
HESTAND, David w18; ff19
HEWETT, Daniel ff22; f24; f26
    John w45; f49; f50
    Solomon f27
HIBBENS, Elizabeth w73
HIBBINS, Cyrus w56
HICKMAN, Lucretia S. f89
    William f29
HIEDWOHL, Isaac w80
HIETT, E. w28
    George w48; ff49
    John ff24; ff27
    William w26
    Mary wff47; f48; f49; f55
HILL, Barbara w31
    David w92
    John ff16; f18
    Peter f27; f30
    William w93
HILLIARY, John J. w98
HINKLE, Anna B. w60
    Anne Barbara w32
    Samuel f32
HISER, John w16
HITE, Francis w06
    George f21
    Robert G. f24; f27
    Thomas f83
HOCKENSMITH, John S. ff53
HOFFMAN, John fff29; f31
    Joshua f45; f47
    Margaret V. w66
    Philip w59
    Teresa w98
HOLMES, Jacob ff32; f38
    Joseph D. w97
HOMAR, Jacob ff36; f38; f44; f47; f51
HOPEWELL, Harry w77
HOSTLER, John H. Sr. w99
HOUSE, William C. f51
HOUT, Jacob fff35
    John ff37; ff38
    Joseph w80
HOWARD, Mary w68
    William ff16; f24; f38
HOWELL, Emily R. w72
    James ff50; f52
    Maria f52

HOWELL, Susan ff23
HUFFMAN, Robert ff22
HUGHES, Ary Anne w98
HUMERICKHOUSE, Samuel f44
HUMPHREVILLE, Susan w52
HUMPHREY, David f30
    George W. w46; fff48
    John w80
    Maria L. wf90
    Roger ff26; f27
HUNSICKER, Ann Eve w59
    Michael S. w72
    Rebecca K. w88
HUNTER, David f37
    Rebecca w95
HURLEY, Ellen w85
HURST, Catherine w31
    Catherine A. w76
    Caty f32; f33
    Hannah w62; w71
    James ffff37; f39; f41; f47
    James A. w94
    James G. w69
    James Sr. w29; f30; f31; ff33
    John f50; f51; f52; f54
    John M. fff36
    Mary w70
    Mary D. w74
    Minor f27; w66
    Ruth Annabelle w83
    William f27
HUYETT, Charles w91
    Henry f25; f27
    Mary Ann f25; f27
    Solomon f25
HYSINGER, John f56; ff57; f58

ISLER, George wf60; ff61

JACK, Robert Y. ff36; f38; f40
JACKSON, Martha ff58
    R.W. w94
JAMES, Mankin w01; ff03
    Thomas fff28; f30; f42
JAMISON, Leonard w21; f22; ff23
JEFFERSON, Hamilton w22; f26
JENKINS, Mary P. w59; f60
    Presley ff40
    Thomas w74
    William K. f52; ff53; f55; f56
JEWETT, Aaron w22; ff23; f24; f30; f33
JOHNSON, Andrew J. w73
    George w79
    John A. f36
    Sarah B. w65
    Thomas w31
    William w74

8

JOHNSTON, George f20
    Thompson w74
JONES, Adrian W. f24
    Ann w44; f52
    Francis ff19
    James fff45
    Mary f24
    Sarah f24
    William f45; f49
JORDAN, James w81

KABLE, Daniel f24; ff34; f36
    Frederick f63
    John ff57; f58; f59; f60; w89
KANE, Susan w97
KANGELY, David w79
KEARFOOT, John P. Sr. f51; f54
KEARSLEY, John wff19; f24; f25; f27; f29
    Jonathan wfff53; f54
    Margaret w50; f52; ff53
KEATING, William Sr. f03; f04
KEERL, William w51; f52
KELLER, J. ff33
    Margaret w84
KELLY, Edward fff37
    Florence H. w81
KELSEY, David w76
KENDLE, Henry wf20
KENNEDY, Andrew f60
    Edmund P. f73; w81
    Mary A.R. w73
    Thomas fff35
KERCHEVAL, Benjamin w20
KERNEY, Alexander f06
    Anthony w29; f31
    Ariadne H. w66
    Catherine w23; f25
    James A. ff50; f56
    Mary w68
    Sarah f24
    W. wff60; f61; f25
KEYES, ? w75
    Gersham fff36; f38
    S. wf23
    Thomas w29; f31; ff39
KIDWILER, Adam w92
    Charles w70
    Michael fff36
    Susan ff62
KIMES, Andrew W. w90
    Jacob ff55; f56
    William f26; w99
KING, Ann w16
KLOTH, Catherine w87
KNIPP, John ff45; f47
KNODE, Joseph H. w81

KNOTT, Benjamin ff48; f50
    Charles H. w98
    Samuel w72
    Susan G. f98
KNOWSLAR, S. w98
KOURISLAR, Elizabeth B. w70
KREPS, Jeremiah ff11
KRETZER, Elizabeth w59
    Henry Sr. f45; f46

LABOO, Mary fff36; w49
    Michael w31
LACKEY, John f33; f34
LACKLAND, Samuel W. wf57
LAFFERTY, Catherine w38; f39; f40
    E. w73
    Thomas f26; f28
LAKE, Martha S. w70
LALEY, Mary w85
LAMBAUGH, John wff55; f57; f58
    Malinda f56
LAMBERT, Joseph f60
LAMON, John f32; f35
LANE, Elliott J. f45
    James wf02
    James L. f33
    James S. ff29; f31; f35; f39
    Joseph E. wf52; f54
    Willoughby W. wf47
LANGDON, C.E. w96
LANNAN, Shaderick fff04
LASSELLE, Jehu f08
LAVALL, Jacint f25
LAVER, Samuel w49
LAWRENCE, Eliza A. w85
LAYENS, Catherine w68
LEE, E.J. w77
    Edmund Jennings w96
    Elizabeth f28; f30; f32; f34
    Henry S. f46; f50
    Lancelot w12; fff13
    Lancelot B. fff34
    Martha w28
LEISEWING, Gideon w82
LEMEN, Alexander w05; ff06; f08; f09
    Ara M. w78
    Esther w41
    John w05; f07
    William ff10; f20
    William M. w77
LEMON, Elizabeth f28
    James w66
    Robert Sr. w27; fff29
LEONARD, Adam ff05; f07
LESLEY, James f52

LEWIS, Charles H. w74
    F.A. w83
    James B. w74
    John H. f34; f35; f36; f44; f51
    Mary wff51; f52; f54
LICKLIDER, Conrad w45; f47; fff50; f51
    George w92
LIKENS, Thomas f44
LINDSAY, Ann ff29
LINE, Daniel w96
    Henry w29
    John w22; f23; f24; fff25
    Margaret w82
    Mary ww41
    Mary A. f46
    Mary Ann w44; f45
LINK, Adam Sr. wff35; w73
    Maria w82
    Nancy w76
LIONS, William w94
LITTLE, George w41
    Peter w49
    William ff06; f08
LLOYD, Barney w97
    Elizabeth w46
    James fff30
LOCK, Elijah w45
    Fannie w73
    Hamilton ff41
    James w27; ff29
    John f33; f53; wf56; f57; f58; fff60
    John J. f60; f61
    John Sr. ff33
    Mary w59; ff60; f61
    Rachel f44; f46; f73
    William S. wf51; f55; fff57
LOCKE, John ff52
    Thomas w93
LOGIE, James w97
LONG, Durrett ff27
    George ff30
LOUDOUN, John ff37; f39; f41
LOUNDES, Frances T. f54
LOWNDES, Beverly B. w35
LUCAS, Edward wf09; f58
    Edward Sr. ff19
    Francis w68
    Robert wf26; w80
    Robert J. w98
    William w77
LUCKETT, Elizabeth w49
LUDWICK, John w27
LYNCH, James ff53; f55
LYNE, Lucy F. w87
LYONS, George f26; f28; f36
LYTLES, Catherine w95

McBRIDE, Philip ff50; f53
McCABE, Bernard w71
    Myles f03
    P.C. w38; f39; f40; f41; f43; f53
McCARD, Matilda w92
McCARDELL, A. Jr. w78
McCARTY, James f52
McCLELLAN, William w34; f35; f39
McCLELLAND, John fff54; f56; f58
McCLOY, Lewis ff39; ff41
    Sarah wf58
McCLURE, John ff52; ff53
    John C. w89
McCORMACK, Moses w32; f34; f36
McCORMICK, Edward w05; f10; f24
    Province w74
McCOY, Otho ff33; f35; f43
    William w69
McCULLA, Jane w79
McCULLOUGH, Dennis w72
McCURDY, Agnes w70
    Matilda B. w85
McDANIELS, Allen f50
    Sarah Ann w92
McDONALD, Ann w55; f57
    Charles f50
    James f51
McDOWELL, Samuel f28
McELROY, Ellen Jane w91
    William f30
McENDREE, William ff26; f28; f29; f30
McFARLAND, Maria L. w90
    Robert f47; f49
McGARRY, Matthew f20
    Nancy w97
McGOWAN, John f54
McGRAW, William ff48; f50
McGUIRE, William f26; f32; f34
McINDOE, William w96
McINTIRE, Nicholas w04; ff06
McKEVITT, John T. w68
McKINNEY, Tully w07; f08; ff55; f56; f59; f60
McKNIGHT, Eliza w84
McLAUGHLIN, Mahala B. w49; f51; f57; f58
McPHERSON, Daniel wf43; f45; f55; ff60; f61
    Susan wff58; f60; f61
    William wf32; f50; f55
McSHERRY, Anastatia ff27; f28
    Richard wff22; f28; f37
McWILLIAMS, William f29; ff31

MACKY, Rebecca H. w79
MACOUGHTRY, James f42; f45
    James Jr. ff43
MADDOX, Hezekiah f32
MAGILL, Alfred T. w49

MAGRUDER, Alla V.D. w95
   Robert P. w76
   Susannah w05
MAINER, Catherine wf51
MARKELL, Daniel w56
MALLERY, Elizabeth f07
MANNING, Frances R. wf55; fff56; ff57
   Jacob H. f25; f37
   Mary wff43
   T.J. f57
   Thomas J. wff57
MALONE, Benjamin w21; f31
MARGUETT, Anna w52
MARLOTT, John f56
MARMADUKE, Catherine w66
   John A. f56; f59
   Presley f26; ff29
   Vincent f59
MARSHALL, James fff49; f51; f53; f56
   John w70
   John M. f57
   Mary f66
   Phineas w65
   William w45; fff47; f49
MARSTELLAR, Dennis L. w54
MARTIN, Levi ff27; f34
MASON, George w93
   John A. w81
   Lucy R. w71
MATHIAS, Daniel T. ff39
MATHEY, Elizabeth w78
MATSON, Elijah ff19; f24
   Rachel f24
MATTHEWS, Joseph f59; f61
MAYNER, Catherine f52
MEDER, ? ff59
MEDLAR, Sebastian w32; w33; f34
MELTON, Robert f48; f50
MELVIN, Benjamin w42; ff43; f45
   Elizabeth w49; f50; f51
   John w04; ff05; f08; ff34; ff36
      f48; f51
   John Sr. w46; ff47
   Mary wff50
   Mary J. ff41; f43
   Sally w80
   Samuel w15; ff18; f55
   Thomas w31; ff34; f35; f47; f48; f51
MENDENHALL, Amos w45
   Samuel f23; f25
MERCER, Jane w06
MICHAELS, William fff30
MILLER, George ff35
   Henry w24; w52; f53; f56; f61
   Jacob f35; f36
   James Y. f30
   John f15

MILLER, John J. w83
   Phillip f17
   Samuel w73
   William w68
   William B. w92
MILSTEAD, Catherine w91
MILTON, James f06; w30
MITCHELL, Alfred ff51; f52
   Charles w94
MOLER, Adam wff30; f31; f54; ff55
   Charles w56
   Daniel f55
   David ff22; ff25; f26
   Frederick w24; fff25; f28
   G.W. w95
   George ff35
   George W. w72
   Hannah fff32; f33
   Henry f32; ff33
   Jacob w04; w07; ff28; ff29; f31;w66
   Jane wf27; f28; ff29; f31
   John f09; f13; w71
   Levi w72
   Mary E. w96
   Michael w26; fff28
   Phillip R. w93
   Rawleigh w66
   Sarah fff32
MOLHORN, Greenberry ff25
MOORE, Cato w65
   Charlotte A. f29; f30
   D. f51
   David w45; ff46; f47
   Eliza D. w29
   Elizabeth D. ff30; f32; ff34
   Elizabeth Y. f55
   Francis w31; ff32; f33; f35; f36;
      f39; f43; f45; f58
   G.D. fff54
   Garland w27; ff28; f29; ff34
   Garland D. ff53
   Guard D. w68
   James V. f30
   James Vincent f29
   Jesse H. f42; ff45
   John ff05; f07; f11; w56; ff58;
      ww83
   John Sr. f56
   Margaret w70
   Mary w70
   Sally C. wf42; f44; f46
   Samuel ff48; f49; f46
   Sarah w95
   Vincent ff24; f30; ff34; f35
   Vincent W. ff57
   William H. w88

MORGAN, Agnes w22; ff24
    Daniel w37
    Daniel H. w65
    Elizabeth w30
    Fonrose R. w38
    Joel f24
    Lydia S. f14
    Mary W. w46; ff47
    Priscilla w05; f06
    William wf16; f17; fff52
MORNINGSTAR, Jacob w74
MORROW, J.B.S. w96
    John ff24; f30
    William w56; ff58; f62
MOTHER, Catherine w31; ff32
    John f34; f35; f37
MOUDY, Adam w25
MOUSER, George f29; f30; f31
MOYER, David H. f43
    Isaac w58
    John f45; f46
MULLIGAN, Thomas S. f44
MURPHY, William f04
MURRAY, Patrick w22
MUSE, Battaile w03; ff06; f08; w23
    Battaile Jr. f34
    George A. f13; f16
    Margaret wf30; f31; f32; f34; f37; f38; f40
MYERS, Adam w25
    Catherine w48; f49
    Catherine M. w99
    Bair f29; f31; f34
    Jacob ff17; ff21; f23; f25; f27; fff47
    Jeremiah f39
    John wff49; w97
    Joshua w93
    Sarah w31
    Susan wff52; f55

NABLE, Mildred w93
NEEDY, George f55; f57
NEILL, Lewis w44
NELSON, John w05
    Mann P. w88
NICELEY, John M. w90
NICHOLLS, Jacob f37; ff39
    Michael wf15
NICKLIN, Mary N. w73
NISEWANGER, John ff30; f31; w33
NIXON, Jonathan w75
NORRIS, Jordan w92
    William H. wf57
NUNNAMAKER, Henry ff58

O'BANNON, Harriett M. w70
    John w30; f32; ff33
    Sarah f37
O'BRIEN, Henry w31; f33
ODEN, Benjamine T. w76
OGDEN, David w77
OFFUTT, Elizabeth f45; f46; f48
    Samuel O. w29; ff30; f31; f42
O'LAUGHLIN, James Y. f55
O'NEALE, Francis ff45
OPIE, H.L. w40
    Margaret f19
ORME, Robert w27
ORNDORFF, Henry ff22; f23
    Jacob w52; fff53; f54
    James w48; ffff50; f56; f57
OTT, Barney w70
    Margaret f70; w99
OWENS, Thomas Barker w16
OWINGS, Orrellana H. w83
    Thomas w31
OSBORN (OSBURN, OSBOURN)
    Abner w85
    Balaam w61
    David w25; f28; f34
    Logan w91
    Margaret w32; fff34
    Mary ff21; f22
    Ruhana w45
    Thomas w37; f38; fff39; f41
    William wff16; f18; ff21; ff51; f52; f53; f55; f57; w95
PACKETT, Drusilla D. w90
    John f22; f24; f30
    John B. w73
    John W. w72
    Lucy E. w81
PAINE, Martin H. w96
PARKER, Lucy W. w94
PARMER, John E. fff39; f49
PARROTT, Margaret w85
PATTERSON, Joshua Garey w97
PAYNE, Raphael f26
PEACHER, John w67
    Sabina w90
PENN, Shadreck ff31
PERCY, E. Taylor w98
    William R. w98
PERRY, George w42
    John ff43; f44
PHELAN, William D. fff52
PHILLIPS, Martha W. w95
    William w83

PIERCE, Clement fff04
    Mary w07
POLLOCK, Addison J. ff51; f52; f53
PORTER, Colin C. w74
    Jesse w83
    Leon w98
POTTS, Zackariah w55; fff56
PRATHER, James w47; ff48; f52
PRETTY, Carten w98
PRICE, Benjamin w44
    David f47
PROBESTRING, Theodore C. f25
PROCTOR, Ebenezer G. ff51; f53
    James w06; f10; f19
PULL, Lydia f21
    Rebecca f21
PULS, Michael wf06
PULSE, Michael ff10; f12
PULTZ, Eleanor f08
    George ff15; f18; f42

QUIGLEY, Linah (?) w52; f54; f55
QUINNE, Matthew w71

RAGLAND, Eliza C. fff42
RAMEY, William C. w96
RANKIN, Judith wff09
RANSON, Elizabeth wff52; f54; f59
    James L. w68
    James M. w92
RATCLIFF, William f52; f54
RATLIFF, William w49
RAU, Rudolph w96
RAUM, William R. w65
RAWLINS, Arianna wf61
    Thomas wf63; w68
RAY, John R. w94
REED, Ann w37; f48
    John w77
    Robert ff15
    William f31
REEK, John w86
REELER, Margaret E. w70
REICHART, Michael w11
REINHART, Andrew w48; ff50; f58
    Christian w68
RENCHER, Peter ff42
REYNICKER, Peter f53
REYNOLDS, George f23
    John w91
RICE, James w61; ff62
    Mary ff07
RICHARDS, Martha w48
RICHARDSON, Benjamin w90
RICKARD, Elijah w79
RICKART, Andrew fff29; f50
RIDDLE, Mary S. w93
RIDENHOUR, Christopher wf36; f38

RIDENOUR, Elizabeth wf46; f48; f50; f52
RIDER, W. w72
RIDGEWAY, Mary w09; ff11
RIDGWAY, John f11
    Rebecca ff26
RIELY, E.A. f51; f52; ff54; f56; f59
    Edwin A. wff50; f51
    George H. f60
    John P. ff43; ff44; f48; f51
    Priscilla wff61
RIGAMORE, Philip ff58; f61
RIGHTSTONE, Mary Etta w94
RILEY, Elizabeth f13
    George f35; f36
    George H. fff49; f51
    George W. w47
    James S. f35
    John ff27
    Zackariah w24; f25
RIPPLE, Phillip wff13
ROACH, Elizabeth ff52; f55; f57
    William w51; ff52; f55; f57
ROBB, Barbara ff36
    George w11
ROBERTS, Agnes C. f61
    Samuel f16; f18; f37
    William w15; ff55; f56
ROBINSON, Andrew w49; f50; f52
    Archibald fff50; f51
    Elizabeth w91
    Harrison w87
    Henry f27; f29
    John fff36
    Lewis w95
ROCKENBAUGH, John w46; f48
ROOKER, B.A. w60
RONEMOUS, Lewis fff31
    Maria w96
    Philip wf32
RONOMOUS, Andrew w05; ff06
ROPER, Elizabeth w70
    James w68
    Nicholas w17
    William J. ff50; f53
ROUSE, Peter H. w88
ROWLES, George f30; f32; f34
RUCKLES, Mary w75
RUSE, John w84
    William f67
RUSSELL, Arthur w26; ff36
    John f56; f60
    Lewis C. f56
RUTHERFORD, Drusilla f20
    Eliza w81
    Robert w05; f14; f23; f35
    Sarah f29; f30
    Thomas w19; w70

13

SADLER, George W. w76
    John N. w95
    L.L. w98
    Leonard f61; f62
ST. CLAIR, Susan S. Marsh w83
SAPP, Absalom f51
SAPPINTON, Eliza J. w85
    G.W. w70
    Thomas fff32
SAUNDERS, Ellen Beirne w90
    Linna wff59
    Mills w96
    Nathaniel H. ff23; ff25
    William Buckner f26
    William B. f26; f27
SCALLAY, Charles L. ff57
    Samuel ffff57
SCHAFFER, William w79
SCHLEY, Frederick w03
SCHILLING, Joseph P. w87
SCHMITTATZ, John w58
SCHOPPERT, George A. w75
    Joseph w72
SCHUSTER, John C. w69
SCOTT, Thomas A. w91
SEELIG, Frederick w09
SELDIN, John w96
SENSABAUGH, Jacob fff22
SENSENY, Hiram C. w91
SHARFF, John f22
SHANSE, Philip f32; f36; f38
SHARP, John wf16
SHAULL, George fff52; f54
    Nicholas w08; f10; w69
    Sally w76
SHAW, George w92
    Samuel f59
SHEELER, Martin f09
SHEERER, W.C. w73
SHEETZ, Catherine w71
    Eve ff12; f20
    Jacob f28; w60; f61
    Jacob S. Sr. w90
    Lizzie w98
    Martin wff08; f20
    Mary B. w90
    Michael f37; ff39
    Samuel w73
SHEFFIELDS, David f56
SHELL, Nicholas w03; ff04; f08
SHELLEY, Walter B. f56; f58
SHENTON, Charles fff50
    Chloe Ann w66
SHEPHERD, Abram ff24
    Abraham w22; f24; f30
    Anne E. w83

SHEPHERD, Fanny w81
    Henry w69; w91
    James H. w37
    John B. w79
    R.D. w65
SHERMAN, Catherine ff47; f49
    Margaret ff47; f50
SHIELDS, John ffff40; f41; f49; f52
SHINDLER, Elizabeth w68
    John C. w83
SHIRLEY, E. Sophia w97
    James w19; w40; f53
    James Jr. ff32; f34
    James Sr. fff41; f44; f46; f49
    John f23; ff27
    Nancy w68
    Robert f16
    Thomas L. wf55
    Walter w05; wff51
SHOEBRIDGE, John f31
SHOEMAKER, Catherine H. w93
SHOPE, Augustus fff44
    Elizabeth f40; f42
    William f06
SHORTT, William w50; ff51; f52; f53; f56
SHOW, Jacob ff33; f35
SHOWALTER, Isaac wf51; ff53
SHOWER, Joshua ff23; f25; f28
SHOWERS, Henry f27
    Mary f27
    William f27
SHROPSHIRE, Mildred M. f21
SHUGART, John f40
SHUPPART, James W. w94
SHUTT, George W. ff36; f38
    Philip w33; f35
SIGAFOOSE, John ff32
SIMMONS, J.V. w93
SIMON, Eleanor w02
SIMS, Frances w89
SIMPSON, James w13; ff15
SINCELL, David E. w99
SINCLAIR, John w20
    William Z. wf45
SITES, Jacob w99
SLOAN, Conway fff43
    Elizabeth f47; f48
    Henry f34; f44
SMALL, David E. w99
SMALLWOOD, Eliza Jane f23; fff54
    George f20; ff26; f27; f34
    Rebecca Ann f23
    Thomas ff19; f21
SMART, Mary P. w66

SMITH, Achsah W. w89
    Ann Doyne w98
    Basil ff31; f32
    Courtney f24; f27
    Edward J. w78
    Frederick f14; f15; f16
    James f46
    John ff14; ff19; ff20
    Joseph ff42; f43; f44; f46; f48
        f50; f58; fff60; f61
    Levi wff56; f58
    Lewis ff28; f29
    Margaret w74; w86
    Moses wff21; f24; f26; f35
    Sarah E. w89
    Slaughter ff25; f26
    Thomas ff49
    Thomas S. w93
    William w21
    William D. w94
SMOOTZ, Abraham ff23; f34
SMURR, Jacob ff60; f61
SNYDER (SNIDER), Abraham w69
    Anthony f30
    Barbara w36; ff37
    David H. f36; ff38
    Henry wf45; ff51; f55
    John w58; w73
    John Sr. ff59; f61
    Letitia S. w28; ff30; f33
    Simon P. w68
SNOOK, B.M. f56
    Benjamine M. wf45; ff47
    Solomon f45; f47
SNURR, John w90
SPANGLER, Emanuel w90
    George ff20
SPOTTS, George W. w87
STALEY, Ann Rebecca w98
    Catherine w06
    Daniel fff46; f49
    Daniel W. w99
    David f38; f39
    Elizabeth w47; w74
    Malachi ff38; f41; f49
    Peter ff26; f28
    Stephen f18; f38; f41
    Steven f16
STALL, Jesse w15; ff16; f18
STARRY, Charlotte J.S. w98
    Conrad R. ff57
    Joseph w93
    Nicholas w70
    Thomas K. w88
STEADMAN, James f18

STEPHEN, Charles H. w83
    Arnold ff56; ff57; f58; f59
STEPHENSON, Ann C. w65
    J. w67
    James w18
    Jane w53
STEVENS, Mary w96
    Thomas f23
STEWART, Charles G. w66
    Eliza w71
    John w91
STICKELL, Daniel w65
STIDMAN, Joshua w14; f15
STINE, Isaac ff50
STIPES, Benjamin ff46
    Daniel ff52; f53
STIPP, Susan ff38
STOCKER, Jesse ww73
    Lucy f74; w85
STRAIN, Samuel f14; f16
STRAITH, Alexander w37; ff38; ff39; f40;f43
    Ella Swan f55
    John A. f55; w72
    Rosa E. w76
    Rosa Ella f55
STRATTON, William H. f27; f28; f29
STRIDER, Christian w14
    Eliza Jane w98
    Isaac ff02; w14; fff50; ff51;
        f52; f53
    Jacob f13
    James W. ff51; fff52; fff53; f54;
        f56; f57; f59; f60; f61
    John f40; ff49; ff52; f53
    Lucy C. w50
    Mary w51
    Mary M. w95
    Philip f32
    Sarah w66
STROTHER, Amelia ww63
    Anthony f21; fff22; f39
    Benjamin f08; f12; f21
STRYDER, Lydia F. w70
STUART, Chapman J. w46; ff48; f50; f53; f51
STURDY, Thomas f52; f53
SUTER, H. f51
SWAYNE, J. f09; f10
    Noah H. w87
SWEARENGEN, Henry T. w20
    Henry V. f25
    Julia Van w60; f61
    Thomas V. f23; f25
    Van wff38; f40; f42
SWEENY, Fanny w37; f40; f42
    Susan w45; f49

SWEGLER, Mathias w40
SWIMLEY, Catherine ff60
    Martin w90

TABB, Harriett wff47; f49
TALBERT, John H. f89
TALBOTT, William w04; ff05
TANQUARY, William R. w87
TATE, Abigail N. f62; ff63
    George H. w90
    Magnus w08
    Mary Ann w97
    William w18; f25
TAWS, Alicia w32; fff33
    Andrew wf16
TAYLOR, Ann Alcinda w96
    George f05; f15
    Hannah f50; f52
    Levi ffff13
    Nathaniel f05; f06
    Samuel J. w46; f54
    William w41; w99
TERRELL, George w94
THIRLKILL, Nancy w21; f22
THOMAS, Elias ff31
    John W. ff59
THOMPSON, John ff18; f33
    Joseph E. w45; f47
THOMSON, John T. ff58; f61
THORNBAUGH, Azanah f12
THORNBURG, John f12; f19
    Prudence w08; f09; f18
THROCKMORTON, John f22; f23; f25
    L.E. w96
    Robert w16; ff17; f18
    Warner W. wff55; f57; f58
THROPP, John fff39
    Samuel ff32
TILLETT, Sarah f54; f57
TIMBERLAKE, Eliza Lee w86
    Harfield wf28
    Mary ff46; f47; f49; f55
    Thomas fffff43; f45; f47; f50
TODD, Thomas w27
TOLBERT, Edward P. w91
TOMLINSON, Benjamin w86
TOOLE, Andrew w46
    John ff26; f27
    Nancy f47
TOWLESTON, Elizabeth Ann w69
TOWNER, Elizabeth B. w58
    Thomas H. w62
TRAIL, Solomon f49
TRUSSELL, Eben wf78
    Eliza J. w94
    Moses ffff49; ff50
TUCKER, Jane f30; f33
    Sally f30

TUCKER, Washington f30
TURNER, Anthony w14; fff23; f27
    George W. ff60
    Henry Smith wff34; f35; f36; f38;
        f41; f43; f45
    Joseph f22; f48; fff51; f53; f54;
        f57; f59; f61
    Thomas w06; ff07; f11; w35; fff37
    William R. w96
TWIMAN, Robert w98

UMBENHOUR (-HOWER), John w24; f32
UNSELD, John w48; fff50
    John G. w47; fff49

VAN DOREN, Margaret w82
VANHORN, John w14
    Polly w38
VANMETER, A. f25
    Abraham f25
    Alcinda B. ff55; f57
    Hannah wf45
VANVACTOR, Ann f30
    Joseph f30; ff31; ff36; ff51
    Mary E. w93
VANZANT, Christian w08
    Richard W. f39

WAGELY, Benjamin f99
    James W. w95
    John f55
    Joseph H. w99
WAGER, Annie E. w92; f94
    Catherine w30
    Charles f25; ff26
    Edward f26
    Edward L. f94
    Gerard B. f18; f19; ff20; f23
    Gerard Bond f16
    J.W.S. f18
    James B. f18; f19; ff20; f23
    James Bate f15; ff16
    John f03; f05; f06; f08; fff14
    John W.S. f19; ff20; f23
    John William Stine ff16
    Mersey w34; f36; f45
    Philip ff37
    Sarah Ann f15; f16; f18; f19; ff20;
        f23
WALKE, Anna M. w49; f50; ff51
WALLINGFORD, James w25; ff26
    Joseph w02; f03; ff04
WALPER, John ff28; f29; f30
WALPERT, Casper wf15
WALPIS, John C. w95
WALRAVEN, Jonas ff55; f57
WALSH, James w35
WALTON, William C. f34; f39; f43; f60

WALTZ, John w10
WARTZ, John f14 (probably Waltz)
WASHINGTON, Betsy w91
    Bushrod C. wf51; f53; f55; f57; f59
    Christian M. w95
    Ella Bassett w98
    George f32; ff33; f38
    George S. w09; f12
    Jane C. w55
    John A. w32; f33; w68
    John T.A. w41
    Louisa w82
    Maria P. f55; f59
    Mary w94
    S.W. f32
    Samuel W. ff32; f41
    T.B. f60
    Thomas B. f54; f55; ff56; f57; f58; f59
WATERS, Ellen M. w81
    Robert f38; f40; ff43; ff46
    William Jr. f27; f28; f30
    William Sr. f27; ff28
WATSON, James w88
    Margaret R. w70
    Thomas wf61
WAUGH, James B. wf51
    Mary E.D. w60
WEAVER, Marsha w89
WEBER, Mary Ann w92
WEBSTER, Mary Ellis w95
    Thomas D. w86
WEIS, John f34
WELCHANES, Catherine w23; ff24
WELCOME, Bersheba w67
    Helen w95
WELSH, Benjamin B. w68
    John w03; fff04
    Richard ff31; f36
WELSHANS, Jacob w50
    Joseph w98
WELTY, H.H. ff59; f61
WELTZHEIMER, Adam ff31; f32
    Catherine f39
    Frederick f06
WENTZELL, Francis ff50
    Joseph w90
WERNWAG, Lewis f45; fff51
WEST, Sarah w66
    Thomas ff24; w90
WEVER, Adam w45; ff46
WHIP, Adam w54; f58
    Peter wf15; f16; f18
WHITE, James B. f29
    N.S. w88
WHITEHILL, Elizabeth C. w72
WHITING, Beverly wf17; f18
    Beverly C. f26

WHITING, Elizabeth wf49; f50; f51; f52; f53
    Francis wff18
    Harriett fff29; f31
    Peter B. wf08; f10
WHITTINGTON, Sarah f54
WIGGINTON, Benjamin f48
    Rebecca ff59; f61
WILKISON, Washington w89
WILLET, Aquilla ff27; f39
WILLIAM, John fff07
WILLIAMS, Abner ff36; f39
    Ann w74
    Ann M. w99
    Hannah G. w61
    J.J. w80
    Kezia w89
    Richard wf52; f55
    Robert w92
    Samuel M. w86
    Solomon f49
WILLIAMSON, Jacob f33
    Jacob Sr. w21; f22
    William w47; f48
WILLIS, Carver w36
    F.M. f53
    Francis M. wff52
    Laura (see Wageley, Benj.)
    Nancy B. fff42
    Richard w12
WILLS, Lucinda w95
WILSON, Benjamin w47; f48; f52; f55
    Jesse f05
    John f36
    John G. wf57
    Lewis F. w73
WILT, George f57; f58
    Henry w74
WILTSHIRE, Benjamin w16; fffff22
    Bennett, ff42; f45
    Carmila w72
    E.H. w97
WINGERD, John w16; f21; fff24; f33
WINKLER, Mary A. w77
WIRICK, William F. w96
WISE, Elizabeth w56
WISENALL, Bernard wf35
    Lewis wff02; f09
    Mary f03
WITHERS, A.L. w90
WOOD, Hamilton w92
    James f17
    William f10
WOODBURN, Skiles w81
WOODDY, Mary E. w86
WOODS, Andrew w37; ff38; f40; f42
    Isaac fff40
    James f30
    William ff24

WOODWARD, Thomas E. w99
WORMELDORF, Daniel w06
WORTHINGTON, Catherine w32; f33; f35
    Joseph ww06
    Robert ff55
    W.C. f61
    William w39; w49; ff50
    William C. f53; ff55; fff56; f58
WRIGHT, Andrew J. f59
    Samuel w18; f19
WYCOFF, Peter fff17
WYNKOOP, Garrett ff33; f35; f39
WYSONG, Jacob Jr. ff23; ff27
    James w72
    John w85
    Lewis S. w94
    Michael w49; fff51
    Susan w54

YATES, Francis w92
    Sydney V. w99
    William w40
YEASLEY, Michael w08; ff09; f20
YERLEY, Benjamine w92
YOUNG, Ishmail w71
    James f18; ff19
    John f36; f51; f52; f54; f56; f61
    Lacy w23; ff25
    Samuel f32; w51
    Samuel W. f23
    Sarah Ann w68
YOUTZ, John f22; f23; f25

ZARGER, E.W. f56
    Edward W. f51
ZOLL, Frank w76

www.ingramcontent.com/pod-product-compliance
Lightning Source LLC
Chambersburg PA
CBHW061317040426
42444CB00010B/2691